DE PRATIQUE
pour la constitution d'un
Bien de Famille
INSAISISSABLE

SAISIE

Bien de famille
Insaisissable =

J. BONNAFOUX
Commissaire de Police
NOYON (Oise)

P. COZETTE
Médecin-Vétérinaire, Lauréat de l'Institut
Correspondant du Ministère de l'Instruction Publique
NOYON (Oise)

GUIDE PRATIQUE

pour la constitution d'un

Bien de Famille

INSAISISSABLE

GUIDE PRATIQUE

pour la constitution d'un

Bien de Famille INSAISISSABLE

Commentaire de la Loi du 12 Juillet 1909
& Formules

PAR

J. BONNAFOUX
Commissaire de Police
à Noyon (Oise)

ET

P. COZETTE
Médecin-Vétérinaire
Lauréat de l'Institut
Correspondant du Ministère de l'Instruction Publique
à Noyon (Oise)

NOYON
Clotaire LEMAIRE, Imprimeur-Éditeur, 5, Rue du Nord

1912

AVANT PROPOS

La loi du 12 Juillet 1909, sur le bien de famille insaisissable, qui a pour but d'organiser la petite propriété foncière et d'en assurer la conservation, est encore, aujourd'hui, à peu près complètement ignorée dans les campagnes.

Aussi, en vue de développer l'application de cette loi, le Ministère de l'Agriculture a-t-il cru devoir organiser un *concours d'affiches*, pour propager *par l'image* la notion du bien de famille insaisissable, et un *concours d'ouvrages de vulgarisation pratique*, dont le but est de faire connaitre aux habitants des campagnes, les immenses avantages qu'ils peuvent retirer de cette loi.

Donnant lui même l'exemple, le Ministère de l'Agriculture a aussi publié une notice très complète qui, grâce aux formules qu'elle renferme, a facilité de beaucoup la tâche des Notaires, des Juges de Paix et des Greffiers de Paix qui se sont occupés de la constitution d'un bien de famille

Personnellement, étant chaque jour en continuel contact avec les habitants des campagnes, nous nous sommes appliqués à appeler leur attention sur les effets de cette loi si bienfaisante.

Indifférents, au début — sans doute, parce que nous n'étions pas suffisamment persuasifs — un certain nombre de petits cultivateurs et d'ouvriers agricoles se sont peu à peu intéressés aux dispositions de cette loi et nous ont formulé le désir d'être plus amplement éclairés. C'est avec un grand plaisir que nous avons accédé à leur demande en nous efforçant de donner à nos développements, une forme simple et essentiellement pratique, de façon à ce qu'ils puissent être compris de tous et que les intéressés n'éprouvent aucune difficulté lorsqu'ils voudront passer de la théorie à la réalisation.

Quelques constitutions faites dans la région serviront certainement d'exemples, pour démontrer les facilités d'application et les bienfaits de cette loi.

Quant à nous, nous serons très heureux si nos efforts sont couronnés de succès, et si, par cette modeste publication, nous pouvons contribuer à la diffusion de cette loi, qui nous apparaît comme l'avant-garde de l'évolution économique et sociale de la petite propriété rurale et comme un des plus puissants moyens d'attachement à la terre du monde des travailleurs.

Le Bien de Famille

INSAISISSABLE

PRÉLIMINAIRES SOMMAIRES

I. — Ce qu'est un bien de famille.

Le bien de famille, prévu par la loi du 12 Juillet 1909, est un **immeuble insaisissable** servant d'habitation à une famille.

II. — De quoi doit se composer un bien de famille. Sa nature - sa valeur.

Un bien de famille doit comprendre une maison, ou une portion divise de maison, et **facultativement**, des terres, attenantes ou voisines, exploitées par la famille, des cheptels et immeubles par destination, jusqu'à concurrence d'une valeur totale de 8.000 francs.

III. — Où peut-on constituer un bien de famille.

Le bien de famille peut être aussi bien constitué dans les villes que dans les campagnes.

IV. — Qui peut constituer un bien de famille.

Tout chef de famille peut, en principe, constituer un bien insaisissable à son profit et à celui de ses enfants.

Une tierce personne capable peut aussi constituer un bien de famille au profit d'une autre personne réunissant les qualités exigées par la loi, pour le constituer.

V. — Comment peut-on constituer un bien de famille.

La constitution d'un bien de famille se fait en général par un acte spécial notarié. Mais elle peut aussi résulter d'un contrat de mariage, d'une donation ou d'un testament.

VI. — Quels sont les frais de constitution.

Les frais de constitution varient, en général, de 60 à 80 francs tout compris.

Le Bien de Famille

INSAISISSABLE

CONSIDÉRATIONS GÉNÉRALES

But de la loi.

1° Éviter la saisie et la vente forcée de la maison d'habitation et du petit domaine qui en dépend.

2° Assurer la stabilité des familles, dans leur pays d'origine, en leur donnant des garanties plus grandes contre l'adversité.

3° Enrayer l'exode des populations rurales vers les villes où elles ne trouvent que des désillusions.

Tel est le but général de cette loi, essentiellement démocratique, qui a créé le « *Bien de famille insaisissable* ».

En créant le « Homestead exemption » c'est-à-dire le Bien de famille insaisissable, le législateur a voulu créer pour la famille un patrimoine sacré, un asile inviolable, sur lequel nul créancier n'a de droit.

En fondant une famille, l'homme contracte la double obligation, de la nourrir et de lui assurer une habitation stable et certaine. La loi du 12 Juillet 1909 lui permet de remplir efficacement cette dernière et importante obligation.

Conséquences de la constitution d'un bien de famille.

Le Bien de famille insaisissable aura pour conséquences immédiates :

1° D'augmenter le nombre des petits propriétaires et d'empêcher l'accaparement des terrains par les gros spéculateurs.

2° De donner, à la classe laborieuse des petits propriétaires, une situation plus indépendante et plus digne. De supprimer ou tout au moins de réduire le paupérisme.

C'est la possibilité donnée, aux braves paysans, aux ouvriers laborieux, de vivre sous leur propre toit et au milieu des leurs. Ce qui leur permettra de mieux les connaître, de mieux les aimer et de les respecter davantage

Plus que toutes les théories, cette institution du Bien de famille développera, dans l'esprit de nos populations rurales, l amour de la propriété, fruit du travail et de l'épargne, et l'amour de l'héritage, trait-d'union intime des générations successives.

Ne sont-ce pas là les deux bases essentielles de l'ordre social et les plus vivifiants principes de la solidarité humaine ?

Avantages de la loi.

Il arrive souvent que, par suite d'une ou plusieurs mauvaises récoltes, ou pour réaliser une amélioration ou acquérir une parcelle de terrain, les petits propriétaires contractent des emprunts hypothécaires Lorsque l'adversité s'en mêle et qu'ils ne peuvent plus remplir leurs engagements, ils sont saisis et leurs immeubles sont vendus généralement à vils prix.

Les frais de vente et les créances en absorbent le plus souvent le prix ; c'est la ruine, le découragement et l'humiliation.

L'homme ainsi dépossédé de ce qu'il a de plus cher et de plus intime, frappé dans son amour propre et dans sa dignité, quitte, sans esprit de retour, le lieu où il a subit l'ultime humiliation de l'expropriation. Il se refugie quelque part dans une ville, où il arrive sans ressources, n'ayant aucune expérience du nouveau genre de vie qu'il va entreprendre, ne connaissant aucun métier utile et ayant par surcroit le cœur ulcéré de ses déboires passés.

Celui qui est courageux et robuste triomphe quelquefois des obstacles qui se dressent sur son chemin, mais combien à coté tombent à la charge de l'assistance publique.

L'insaisissabilité de la maison de famille et du bien que l'homme prévoyant aura mis sous la sauvegarde de la bienfaisante loi du 12 Juillet 1909 supprimera ces expropriations ruineuses et déshonorantes

Le petit propriétaire protégé contre tous les risques imprévus et même contre ses propres imprudences, ne sera plus exposé à se voir expulsé de sa demeure. Il ne craindra plus qu'on le dépossède de ce qu'il a de plus intime, son foyer familial. Par suite, se sentant plus en sécurité, il s attachera plus éttoitement au patrimoine qu'il aura fondé ou reçu en héritage et ne l'abandonnera plus pour émigrer vers les villes.

Cette bienfaisante loi ne vise pas seulement les propriétaires terriens; elle a une portée plus générale, elle intéresse au même titre tous ceux qui ambitionnent de devenir propriétaires.

Quand l'ouvrier des villes parvient aux prix de nobles efforts et de louables économies à acquérir une petite maison pour y installer sa famille, la loi de 1909 la prend sous sa protection et ne permet pas que les sacrifices qu'il a consentis puissent être anéantis par suite d'une défaillance momentanée, ou d'un piège qu'il n'aura su éviter.

La loi protège aussi les intérêts de la femme et des enfants. Bien souvent la femme a, par son travail, ses économies et sa bonne gestion du ménage, contribué pour une large part à l'acquisition de la modeste maison de famille C'est elle qui a presque toujours apporté les meubles qui la garnissent, qui l'entretient, qui l'embellit et qui l'égaie de sa présence.

Il serait profondément injuste que cette femme qui a si largement contribué à fonder ce nid familial, où elle a mis au monde et élevé ses enfants, puisse être victime des dissipations du mari.

La loi qu'on pourrait qualifier de « *protectrice des faibles* » a garanti cet abri indispensable, elle leur conserve cet asile inviolable, pour le rendre inséparable de la famille. Ce « home » familial constituera désormais le cadre de la vie commune, le foyer où se concentreront tous les souvenirs et toutes les affections.

Le principe général de cette loi est de fonder la famille sur la propriété foncière. La propriété foncière et la famille sont, au plus haut point, solidaires l'une de l'autre. De la solidité de l'une dépend la solidité de l'autre.

Le régime du Bien de famille se résume ainsi : Insaisissabilité, restriction du droit d'hypothéquer et d'aliéner. Consentement indispensable de la femme pour l'aliénation, conservation possible du régime du bien jusqu'à la majorité du plus jeune des enfants.

C'est un régime de faveur établi par la loi, mais un régime absolument facultatif ainsi que le fait judicieusement constater M. A. DES GRANGES dans son remarquable ouvrage sur le Bien de famille, que nous avons souvent consulté.

Nous rappellerons qu'avant le vote de la loi de 1909, certains patrimoines jouissaient du privilège de l'insaisissabilité et de l'inaliénabilité : tels les biens mobiliers et immobiliers placés par contrat de mariage sous le régime dotal (art. 1540 du Code civil) sauf au cas ou la femme s est obligée par un délit ou quasi délit et que cette obligation résulte d'une condamnation judiciaire, ou d'un engagement librement pris par la femme, avec l'autorisation du mari, pour réparer le délit. (Cass. 20 Juillet 1870. Dal. 70-1-333).

Le régime dotal ne jouit pas de la faveur populaire et avec juste raison, car s'il jouit des privilèges de l'insaisissabilité et de l'inaliénabilité, il constitue aussi un obstacle insurmontable à la libre circulation des biens et une restriction à la liberté des contractants.

Tandis que le Bien de famille offre tous les avantages du régime dotal et en exclut tous les inconvénients.

En effet, si la loi de 1909 a accordé l'insaisissabilité du « *Bien de famille* » elle n'a pas interdit de renoncer à ce privilège, comme en matière de régime dotal.

Ce bien peut être aliéné avec l'autorisation de la femme et après le décès d'un des conjoints, avec celle du conseil de famille des mineurs.

Les lois du 8 Nivôse an VI et 12 Floréal an VII déclarent insaisissables les rentes sur l'Etat.

Ce privilège a encore été étendu aux pensions militaires pour l'intégralité, aux traitements civils et militaires, aux rentes viagères, aux pensions civiles pour une partie, par diverses lois.

A côté de tous ces privilèges existants, la loi de 1909 est venue ranger le « *Bien de famille* » et diminuer le lot des injustices humaines, pour le plus grand bien des populations ouvrières des villes et des campagnes et le plus grand honneur de la République

La constitution du Bien de famille, comme on peut le voir par les faits cités précédemment, n'est pas une chose anormale et sans précédent ; elle est juste et logique et constitue le corollaire indispensable des autres lois qui établissent les différents privilèges d'insaisissabilité.

LOI DU 12 JUILLET 1909

(Journal Officiel du 13 Juillet 1909)

Loi sur la constitution d'un bien de famille insaisissable.

Le Sénat et la Chambre des Députés ont adopté.

Le Président de la République promulgue la loi dont la teneur suit :

TITRE PREMIER.

I. — Constitution d'un bien de famille.

ARTICLE PREMIER. — *Il peut être constitué au profit de toute famille, un bien insaisissable qui portera le nom de bien de famille.*

Les étrangers ne pourront jouir des prérogatives de la présente loi qu'après avoir été autorisés, conformément à l'article 13 du Code civil, à établir leur domicile en France.

DIVISION

1°. Caractère général.	3°. Dénomination.
2°. Principes généraux.	4°. Conditions à remplir par les étrangers.

1°. Caractère général. — Le caractère général de cette loi est qu'elle est facultative. Le législateur a voulu laisser à chacun la liberté absolue de profiter du privilège qu'elle accorde, mais il s'est refusé à l'imposer. Il s'est dit, avec juste raison, qu'une loi qui donne de semblables avantages n'a pas besoin de gendarmes pour assurer son application.

2°. Principes généraux. — Ses principes généraux sont l'insaisissabilité, la défense d'hypothéquer et la restriction du droit d'aliéner.

3°. *Dénomination.* — Le patrimoine, mis sous la protection de la loi, s'appelle « *Bien de famille* » c'est-à-dire qu'il s'applique à l'ensemble de la cellule du groupement humain.

4°. *Conditions à remplir par les étrangers.* — Les étrangers ne sont admis à bénéficier de la présente loi que lorsqu'ils ont obtenu l'autorisation de fixer leur domicile en France.

II. — Composition du bien de famille

ART. 2. — *Le bien de famille pourra comprendre soit une maison ou portion divise de maison, soit à la fois une maison et des terres attenantes ou voisines, occupées et exploitées par la famille. La valeur dudit bien, y compris celle des cheptels et immeubles par destination, ne devra pas, lors de sa fondation, dépasser 8.000 francs.*

DIVISION

1° Maison.	4° Cheptels.
2° Portion divise de maison.	5° Immeuble par destination.
3° Occupées et exploitées.	6° Valeur.

1°. *Maison.* — Le bien doit nécessairement comprendre une maison, comme nous l'avons fait observer au cours de notre ouvrage, cette loi s'applique aussi bien à l'ouvrier de la ville qu'au petit propriétaire rural puisqu'elle permet de constituer en « *Bien de famille* » la maison de l'ouvrier, qu'elle soit sise à la ville ou à la campagne, pourvu, toutefois, que sa valeur ne dépasse pas 8.000 fr.

2°. *Portion divise de maison.* — Une maison est dite divise lorsqu'un acte authentique l'a divisée en plusieurs parts nettement déterminées, et que chacune de ces parts est attribuée à une personne définie.

Le propriétaire d'une portion d'une maison divise peut constituer sa portion de maison en « *Bien de famille* » pourvu que la valeur de cette portion de maison ne soit pas supérieure à 8.000 francs.

3°. *Occupées et exploitées.* — Ces deux expressions prises dans leur sens absolu sont susceptibles d'interprétations différentes, c'est pour cela que nous avons cru bon de définir la portée que le législateur a entendu leur donner.

Cette portée semble se dégager du but que le législateur s'est proposé, c'est-à-dire d'assurer un nid à la famille.

Donc, il est certain que l'employé, le fonctionnaire, le commerçant qui ferait cultiver son champ et son jardin par un journalier ou par un jardinier devrait être considéré comme exploitant lui-même du moment qu'il en récolte les fruits.

De même, celui qui aurait ses occupations loin de sa maison et qui n'y rentrerait que le soir, pour y coucher, devrait être considéré comme l'habitant au sens de la loi.

Mais nous pensons que l'habitation, au moins par la famille, sinon par son chef, doit être continue et constituer le « home » véritable, c'est-à-dire le foyer où la famille vit et se développe.

Au moment de la constitution du « bien de famille », le juge a tout pouvoir pour apprécier si les conditions exigées par l'article 2 sont ou non remplies.

4°. *Cheptel.* — Le cheptel d'une exploitation agricole se divise en *cheptel vivant*, qui comprend les animaux et *cheptel mort* qui comprend l'ensemble des instruments de culture et des bâtiments agricoles

Le cheptel peut être compris dans le « bien de famille » pour sa valeur.

5°. *Immeuble par destination.* — *L'art. 524* du code civil, énumère ainsi qu'il suit les objets ruraux qui sont immeubles par destination : « Les objets que le propriétaire du fonds y a placés pour le service de l'exploitation « de ce fonds, sont immeubles par destination. — Ainsi, « sont immeubles par destination, quand ils ont été placés « par le propriétaire pour le service de l'exploitation du « fonds : les animaux attachés à la culture, les ustensiles « aratoires, les pigeons des colombiers, les lapins de garennes, les ruches à miel, les poissons des étangs, les « pressoirs, les chaudières, alambics, cuves et tonnes.... « les pailles et engrais, sont aussi immeubles par destination, tous les effets mobiliers que le propriétaire a attachés au fonds à perpétuelle demeure ».

6°. *Valeur.* — La valeur du bien de famille, y compris celle des cheptels et immeubles par destination, ne devra pas, lors de sa fondation, dépasser 8.000 francs.

III. — Des personnes qui peuvent constituer un bien de famille.

ART. 3. — *La constitution est faite :*

Par le mari sur ses biens personnels, sur ceux de la communauté ou, avec le consentement de la femme, sur les biens qui appartiennent à celle-ci et dont il a l'administration.

Par la femme, sans l'autorisation du mari ou de justice, sur les biens dont l'administration lui a été réservée;

Par le survivant des époux, ou l'époux divorcé, s'il existe des enfants mineurs, sur ses biens personnels ;

Par l'aïeul ou l'aïeule, suivant les distinctions ci-dessus, qui recueille ses petits-enfants orphelins de père et de mère, ou moralement abandonnés ;

Par le père ou la mère, sans descendants légitimes, d'un enfant naturel reconnu ou d'un enfant adopté.

Toute personne capable de disposer, pourra constituer un bien de famille au profit d'une autre personne, réunissant elle-même les conditions exigées par la loi, pour pouvoir le constituer.

DIVISION

1° Constitution d'un bien de famille par le mari seul.
2° Constitution avec le consentement de la femme.
3° Constitution par la femme.
4° Constitution par le survivant des époux ou l'époux divorcé.
5° Constitution par l'aïeul ou l'aïeule.
6° Constitution par le père ou la mère sans enfants.
7° Constitution par toute personne capable de disposer.

1°. — Le mari peut constituer un « bien de famille » sur ses biens personnels ou sur ceux de la communauté.

Il nous paraît nécessaire d'indiquer sommairement quels sont les biens personnels des époux et quels sont les biens de communauté.

(a) Les biens personnels des époux, sont ceux qu'ils possédaient avant la célébration du mariage, ceux qui leur adviennent pendant le mariage, par donation, succession, échange, licitation ou cession par leurs père et mère ; et enfin les constructions édifiées sur un immeuble propre.

Sont encore biens personnels du mari, les biens acquis au cours du mariage, lorsque les époux ont adopté le régime dotal pur et simple.

(b) Les biens de communauté sont :

1° Les biens acquis depuis le contrat et au cours du

mariage, sauf dans le cas mentionné au dernier § des biens personnels. Il existe encore d'autres exceptions au principe que les biens acquis au cours du mariage tombent dans la communauté ce sont dans les cas d'échange, de licitation, d'acquisition d'immeubles par adjudication lorsqu'une partie desdits immeubles appartient à l'un des époux, ou sur lesquels il a des droits acquis ; les constructions élevées sur un terrain appartenant à l'un des époux, appartiennent au propriétaire du sol.

Mais dans ces diverses exceptions, l'un quelconque des époux ne devient propriétaire qu'à charge de récompense au profit de la communauté.

Exemple :

Les époux se font construire une maison sur un champ qui appartient à la femme, comme l'argent avec lequel ils construisent leur maison constitue le bénéfice réalisé au cours du mariage, il semblerait que la maison devrait constituer un bien de communauté, il n'en est rien, la maison terminée appartiendra à la femme. Mais celle-ci devra à la communauté une somme égale à la valeur de la maison. C'est cette somme qui en droit s'appelle *récompense*.

2°. *Constitution avec le consentement de la femme.* — Le mari peut encore constituer un « bien de famille » sur les biens propres de la femme dont il a l'administration, mais avec le consentement de cette dernière.

Les biens qui font partie de cette catégorie sont : tous les biens de la femme sous les régimes de la communauté et dotal.

L'administration des biens paraphernaux sous le régime dotal et des biens propres de la femme sous le régime de la communauté pure, appartient à la femme.

On appelle bien paraphernaux. les biens de la femme qui, sous le régime dotal, n'ont pas été constitués en dot, (article 1574 c. c.).

3°. *Constitution par la femme.* — La femme peut constituer un « *bien de famille* » sans l'autorisation du mari ou de la justice, sur les biens dont elle a l'administration. Ces biens sont :

1° Les biens paraphernaux ;

2° Les biens appartenant à la femme sous le régime de la séparation de biens conventionnelle ou judiciaire.

3° Les biens qui lui sont légués ou donnés, sous condition qu'elle en aura l'administration ;

4° Les biens qui proviennent de son salaire.

4°. Constitution par le survivant des époux ou l'époux divorcé. — Pour que l'époux survivant ou l'époux divorcé puisse constituer un *bien de famille*, il faut qu'il existe un ou plusieurs enfants mineurs.

5° Constitution par l'aïeul ou par l'aïeule. — L'aïeul ou l'aïeule peut constituer un *bien de famille* en faveur de ses petits-enfants mineurs, orphelins de père et de mère ou qui sont moralement abandonnés. Il faut entendre par cette dernière expression, les enfants des parents dont, par application de la loi du 24 Juillet 1889, la justice a prononcé contre eux la déchéance de la puissance paternelle.

6° Constitution par le père ou la mère sans enfants. — Le père ou la mère d'un enfant naturel reconnu ou d'un enfant adopté peut constituer en sa faveur un *bien de famille*, a condition toutefois qu'il n'ait pas d'enfant légitime vivant.

Il y a lieu de remarquer ici que la loi n'impose pas la minorité de l'enfant naturel reconnu ou de l'enfant adopté, pour que le père ou la mère puisse constituer, en sa faveur, un bien de famille. S'il en était autrement, la constitution ne serait pas possible, en ce qui concerne l'enfant adopté, car aux termes de l'article 346 du Code civil, l'adoption d'un enfant ne peut en aucun cas avoir lieu avant sa majorité.

Bien que la loi soit muette sur le point de savoir si le père ou la mère célibataire peut constituer un bien de famille en faveur de son enfant naturel reconnu ou adopté, nous pensons que c'est par l'affirmative qu'il faut résoudre cette question.

Notre opinion à cet égard est fondée sur la phrase suivante, que nous lisons dans l'examen des articles du projet gouvernemental de 1905 : « Tout célibataire, ayant à sa « charge un enfant naturel reconnu ou adoptif, peut cons- « tituer un « *bien de famille* ».

7° Constitution par toute personne capable de disposer. — Toute personne, capable de disposer, peut constituer un « *bien de famille* » au profit d'un tiers réunissant lui-même les conditions requises pour pouvoir constituer.

Les conditions que doit remplir le constituant sont les suivantes :

1° Etre sain d'esprit, (art. 901 C. C.).

2° Etre majeur.

Les conditions que doit remplir le bénéficiaire son les suivantes :

Etre dans l'un des cas décrit sous les numéros 1, 2, 3, 4, 5 et 6 ci-dessus.

IV. — De l'établissement du bien de famille.

Art. 4. — *Le bien de famille ne peut-être établi que sur un immeuble non indivis.*

Il ne peut en être constitué plus d'un par famille.

Toutefois, lorsque le bien est d'une valeur inférieure à 8.000 francs, il peut être porté à cette valeur au moyen d'acquisitions, qui sont soumises aux mêmes conditions et formalités que la fondation.

Le bénéfice de la constitution du bien de famille reste acquis alors même que, par le seul fait de la plus-value postérieure à la constitution, le chiffre de 8.000 francs se trouverait dépassé.

DIVISION

1° Immeubles indivis.
2° Acquisitions au cours de la constitution.
3° Plus-value d'un bien constitué.

1°. *Immeubles indivis.* — Un immeuble est dit indivis lorsqu'il appartient à plusieurs personnes et que la part de chacune n'est pas indiquée par une division matérielle.

2°. *Acquisitions au cours de la constitution.* — Au moment de la constitution d'un bien de famille, le constituant peut ne pas posséder un immeuble d'une valeur de 8.000 francs, ceci ne l'empêche pas de constituer le peu qu'il possède en bien de famille ; et dans ce cas la loi prévoit que s'il achète d'autres propriétés après la constitution, il peut les constituer bien de famille au moment de l'achat, et cela jusqu'à ce qu'il ait atteint le chiffre de 8.000 francs.

3°. *Plus-value d'un bien constitué.* — Lorsqu'une propriété a été constituée en bien de famille, quelle que soit la valeur qu'elle acquiert en plus des 8.000 francs, elle reste acquise à la constitution.

V. — Causes faisant obstacle à la constitution d'un bien de famille.

Art. 5. — *La constitution du bien ne peut porter sur un immeuble grevé d'un privilège ou d'une hypothèque, soit conventionnelle, soit judiciaire, lorsque les créanciers ont pris inscription antérieurement à l'acte constitutif ou au plus tard, dans le délai fixé à l'art. 6, ci-après.*

Les hypothèques légales, mêmes inscrites avant l'expiration de ce délai, ne font pas obstacle à la constitution et conservent leur effet.

Celles qui prendraient naissance postérieurement pourront être valablement inscrites, mais l'exercice du droit de poursuite qu'elles confèrent, sera suspendu jusqu'à la désaffectation du bien.

DIVISION

1° L'immeuble doit être libre de privilèges ou d'hypothèques.	2° Hypothèques légales. 3° Hypothèques postérieures à la constitution.

1°. *L'immeuble doit être libre de privilèges ou d'hypothèques.* — S'il existait un privilège ou une hypothèque conventionnelle ou judiciaire au moment de la formation de bien de famille, cette situation rendrait illusoire l'insaissabilité, qui constitue la caractéristique même du *bien de famille.*

La loi du 9 mars 1910, dans ses articles 1 et 2, apporte cependant une dérogation à ce principe, en ce qui concerne les exploitations rurales. Cette loi permet de constituer en bien de famille, une propriété rurale grévée d'une hypothèque pour garantir un prêt à longs termes destiné à faciliter l'acquisition, l'aménagement, la transformation et la reconstitution des petites exploitations rurales.

2°. *Hypothèques légales.* — Les hypothèques légales ne mettent pas obstacle à la constitution du bien de famille.

Les hypothèques légales sont :

Celles de la femme mariée, de l'interdit, du mineur, de l'Etat et des communes, sur les biens des comptables, du légataire particulier, et enfin les privilèges dégénérés en hypothèques.

3°. *Hypothèques postérieures à la constitution.* — Des hypothèques peuvent être inscrites sur les biens de famille après leur constitution, mais aucune poursuite ne peut être exercée jusqu'à la désaffectation du bien de famille.

VI. — Formes de la constitution d'un bien de famille

La constitution du bien de famille résulte d'une déclaration reçue par un notaire, d'un testament ou d'une donation.

Cet acte contient la description détaillée de l'immeuble avec l'estimation de sa valeur, ainsi que les nom, prénoms, profession et domicile du constituant, et, s'il y a lieu, du bénéficiaire de la constitution.

Il reste affiché, pendant deux mois, par extrait sommaire et au moyen de placards manuscrits apposés sans procès verbal d'huissier, à la justice de paix et à la mairie de la commune où les biens sont situés.

Un avis est, en outre, inséré par deux fois, à quinze jours d'intervalle, dans un journal du département recevant les annonces légales.

DIVISION

1° Déclaration reçue par notaire.
2° Constitution par testament
3° Constitution par donation.
4° Affichage de l'acte.
5° Avis de la constitution.

1°. *Déclaration reçue par notaire.* — La constitution d'un *bien de famille,* faite au profit du constituant lui-même, n'est valable qu'autant qu'elle a fait l'objet d'un acte notarié.

2°. *Constitution par testament.* — Lorsque la constitution est faite par un tiers au profit d'une autre personne, elle peut être faite valablement par testament, quelle que soit d'ailleurs la forme du testament, notariée, olographe ou mystique.

3°. *Constitution par donation.* — Si le bien de famille est constitué par donation, il faut que l'acte soit fait par devant notaire pour qu'il soit valable.

4°. *Affichage de l'acte.* — L'acte qui constitue un bien de famille doit être affiché. Il n'est cependant pas nécessaire qu'il soit affiché en entier, il suffit d'un extrait sommaire de la constitution, toutefois cette analyse devra indiquer, le nom du constituant ou du bénéficiaire et la désignation des immeubles sur lesquels est faite la constitution.

5°. *Avis de la constitution.* — En outre de l'affichage,

un avis de la constitution doit être inséré par deux fois, à 15 jours d'intervalle, dans un journal du département recevant les annonces légales.

La publicité de l'acte de constitution comporte l'affichage et l'insertion dans les journaux.

VII. — Inscriptions des privilèges et hypothèques. — Oppositions

Art. 7. — *Jusqu'à l'expiration de ce délai de deux mois, pourront être inscrits tous privilèges et hypothèques garantissant des créances antérieures à la constitution du bien. Pendant ce même délai, les créanciers chirographaires seront admis à former, en l'étude du notaire rédacteur de l'acte, opposition à la constitution.*

DIVISION

1° Créanciers antérieurs.	3° Oppositions.
2° Créanciers chirographaires	

1°. *Créanciers antérieurs.* — Les droits des créanciers sont ainsi sauvegardés.

2°. *Créanciers chirographaires.* — Les créanciers chirographaires sont ceux qui, bien qu'ayant une ou plusieurs créances, n'ont pris aucune inscription hypothécaire pour garantir leurs créances.

3°. *Opposition.* — Les oppositions peuvent empêcher la constitution d'un bien de famille.

VIII. — Homologation

Art. 8. — *A l'expiration du délai de deux mois, l'acte est soumis, avec toutes les pièces justificatives, à l'homologation du juge de paix.*

Celui-ci ne donnera son homologation qu'apres s'être assuré :

1° Par les pièces produites, et s'il les juge insuffisantes, par un rapport d'expert commis d'office, de la valeur des immeubles constituant le bien de famille ;

2° Qu'il n'existe ni privilège, ni hypothèque autres que ceux visés à l'article 5 ;

3° Que main-levée a été donnée de toutes les oppositions ;

4° Que les bâtiments sont assurés contre les risques de l'incendie.

Qu'est-ce que l'homologation. — Pour que certains actes soient valable. il faut qu'ils aient reçu une approbation judiciaire. La constitutiou du *bien de famille* est rendue valable par l'approbation du juge de paix, c'est cette approbation qui s'appelle homologation.

IX. — Transcription

Dans le mois qui suivra son homologation, l'acte de constitution de bien sera transcrit, à peine de nullité.

Transcription. — Cette opération consiste à inscrire, au bureau des hypothèques, l'acte de constitution, de façon que chacun puisse connaître la situation particulière dont est grevé le bien constitué.

TITRE II

RÉGIME DU BIEN DE FAMILLE

Insaisissabilité

ART. 10. — *A partir de la transcription, le bien de famille ainsi que ses fruits sont insaisissables, même en cas de faillite ou de liquidation judiciaire, il n'est fait exception qu'en faveur des créanciers antérieurs qui se sont conformés aux dispositions qui précèdent, pour conserver l'exercice de leurs droits.*

Il ne peut être ni hypothéqué, ni vendu à réméré.

Néanmoins, les fruits pourront être saisis pour le paiement :

1° Des dettes résultant de condamnations en matière criminelle, correctionnelle ou de simple police.

2° Des impôts afférents au bien et des primes d'assurances contre l'incendie ;

3° Des dettes alimentaires.

Le propriétaire ne peut renoncer à l'insaisissabilité du bien de famille.

DIVISION

1° Hypothèque.

2° Vente à reméré.

3° Qu'entend t'on par les fruits ?

4° Qu'est ce que les dettes alimentaires ?

1°. Hypothèque. — La loi interdit d'hypothèquer le bien.

2°. Vente à réméré. — La vente à réméré est celle dans laquelle le vendeur se réserve le droit de racheter dans un certain délai la chose vendue, en remboursant à l'acquéreur le prix principal et les frais de son acquisition.

3°. Qu'entend t'on par les fruits ? — Par ce mot, il faut entendre l'ensemble des produits fournis par la terre et les arbres.

4°. Qu'est-ce que les dettes alimentaires ? — (Les art. 205 et 207 du c. c.) font une obligation de fournir des aliments:

Par les enfants à leurs père et mère et autres ascendants qui sont dans le besoin, c'est-à-dire aux grands parents et réciproquement par les père et mère à leurs ascendants et descendants.

(L'art. 206 du c. c) oblige également dans les mêmes conditions les gendres et belles-filles à l'égard de leurs beau-père et belle-mère.

L'art. 205 du c. c.) oblige dans les mêmes conditions la succession de l'époux prédécédé à l'égard de l'époux survivant.

(L'art. 955 du c. c.) oblige de même le donataire à l'égard du donateur.

Enfin l'art. 213 du c. c. oblige également pendant le mariage et même en cas de séparation, celui des époux qui a des ressources à l'égard de celui qui en est privé.

Aliénation du bien de famille

Art. 11. — *Le propriétaire peut aliéner tout ou partie du bien de famille ou renoncer à la constitution.*

Mais, s'il est marié ou s'il a des enfants mineurs, l'aliénation ou la renonciation sera subordonnée, dans le premier cas, au consentement de la femme donné devant le juge de paix et, dans le second cas, à l'autorisation du conseil de famille, qui ne l'accordera que s'il estime l'opération avantageuse aux mineurs. Sa décision sera sans appel.

DIVISION

1° Aliénation du bien de famille.	3° Consentement de la femme.
2° Renonciation à la constitution.	4° Consentement du conseil de famille.

1°. Aliénation du bien de famille. — Le mot aliéner signifie ici vendre, transférer à un autre la propriété d'une chose.

Le bien de famille peut être aliéné sans formalité :

1° Pour cause d'utilité publique ;

2° Lorsqu'il appartient à un veuf ou à une veuve sans enfants mineurs.

Il peut être aliéné par le mari, avec le consentement de la femme donné devant le juge de paix.

Il peut être encore aliéné par le veuf ou la veuve ayant un ou plusieurs enfants mineurs, avec le consentement du conseil de famille ; mais la loi fait un devoir à ce dernier de n'accorder cette autorisation qu'au cas où l'opération est avantageuse pour le ou les mineurs. La décision du conseil de famille est sans appel.

Dans le cas ou le bien constitué appartient à la femme, cette dernière ne peut l'aliéner qu'avec l'autorisation de son mari, mais cette autorisation n'a pas besoin d'être donnée en présence du juge de paix.

2°. *Renonciation à la constitution.* — Les règles que nous venons d'indiquer, pour l'aliénation du bien de famille, s'appliquent en entier à la renonciation qui est soumise aux mêmes conditions

3°. *Consentement de la femme.* — Le consentement de la femme doit être donné librement et le mari ne peut pas l'imposer, c'est d'ailleurs pour garantir cette liberté de la femme que le législateur a spécifié qu'il serait donné devant le juge de paix. Il résulte de cette disposition que la femme peut imposer des conditions pour donner son autorisation.

4°. *Consentement du conseil de famille.* — Le conseil de famille appelé à statuer sur la question de savoir si l'opération est avantageuse pour le ou les mineurs, doit exprimer son avis à cet égard. Pour lui c'est une question uniquement d'appréciation.

Expropriation du bien

Art. 12. — *En cas d'expropriation pour cause d'utilité publique, si l'un des époux est prédécédé et s'il existe des enfants mineurs, le juge de paix ordonnera les mesures de conservation et de remploi qu'il estimera nécessaires.*

Mesures à prendre pour la conservation et le remploi. — Aucune mesure spéciale n'est ordonnée par la loi. Elle a laissé, à la sagesse du juge de paix, le soin d'ordonner telles mesures qu'il jugera utiles.

Substitution d'un bien à un autre

ART. 13. — *Dans le cas de substitution volontaire d'un bien de famille à un autre, la constitution du premier bien est maintenue jusqu'à ce que la constitution du second soit définitive.*

Destruction du bien

ART. 14. — *En cas de destruction totale ou partielle du bien, l'indemnité d'assurance est versée à la caisse des dépôts et consignations pour demeurer affectée à la reconstitution de ce bien et, pendant un an, à dater du paiement de l'indemnité, elle ne peut être l'objet d'aucune saisie, sans préjudice pourtant des dispositions de l'art. 10 ci-dessus.*

Destruction du bien de famille. — Nous avons vu plus loin que le bien de famille est assuré contre l'incendie obligatoirement, de façon qu'un sinistre ne vienne pas détruire ce que la loi préserve si jalousement, contre les créances de toutes sortes.

En cas d'incendie, le montant de l'indemnité versée par la compagnie d'assurance doit être employée à la reconstitution du bien de famille. A cet effet, les compagnies d'assurance sont tenues, sous leur responsabilité, de verser le montant des primes à la caisse des Dépôts et Consignations. Mais, pour que les compagnies soient tenues responsables de ce versement, il faut que le propriétaire d'un bien de famille fasse connaître à sa compagnie d'assurance la situation particulière de l'objet assuré au moment où il contracte son assurance, ou à l'époque où il constitue son bien de famille, si cette constitution est postérieure à la police d'assurance.

Pendant un an, à partir du jour du dépôt des fonds à la caisse des Dépôts et Consignations, le propriétaire ne peut toucher l'indemnité de son assurance que s'il justifie du remploi de cette indemnité.

Expropriation

ART. 15. — *Il en sera de même de l'indemnité allouée, à la suite d'une expropriation, pour cause d'utilité publique.*

La femme pourra exiger l'emploi des indemnités d'assurances ou d'expropriation soit en immeubles, soit en rentes sur l'Etat français, à concurrence d'un maximum de 8.000 francs.

DIVISION

1° Expropriation faite après le décès de l'un des conjoints, alors qu'il existe des enfants mineurs.	2° Expropriation pendant le mariage.

1°. Expropriation faite après le décès de l'un des conjoints alors qu'il existe des enfants mineurs. — Dans ce premier cas la question est réglée par l'art. 12 de la présente loi (voir cet article et son commentaire).

2°. Expropriation pendant le mariage. — Les règles qui régissent l'indemnité en cas d'incendie s'appliquent à l'indemnité allouée, pour cause d'expropriation, en ce qui concerne le versement à la caisse des Dépôts, l'affectation de l'insaisissabilité.

Contestations

Art. 16. — *Le tribunal civil statue, la femme et, en cas de prédécès de l'un des époux, le représentant légal des mineurs appelés, sur toutes les demandes relatives à la validité de la constitution, de la renonciation à la constitution, de l'aliénation totale ou partielle du bien de famille.*

L'affaire est jugée comme en matière sommaire.

La femme n'a besoin d'aucune autorisation pour poursuivre, en justice, l'exercice des droits que lui confère la présente loi.

DIVISION

1° Validité de la constitution.	3° Aliénation.
2° Renonciation.	4° Compétence.

1°. Validité de la constitution. — La validité de la constitution du bien de famille ne peut être contestée que par les créanciers ayant pris inscription en temps voulu et formé opposition dans le délai de 2 mois prévu par la présente loi.

Elle peut encore être contestée par la femme, lorsque la constitution aura été faite sur des biens de la femme dont le mari en a l'administration et que la femme prétendra ne pas avoir donné son consentement.

Dans ces deux cas seulement le tribunal sera appelé à statuer sur la validité.

2°. Renonciation. — Voir l'article 11 et son commentaire.

3°. *Aliénation*. — Voir l'article 11 et son commentaire.

4°. *Compétence*. — Le tribunal civil est seul compétent pour statuer sur les demandes d'annulation de constitution, de renonciation de constitution et d'aliénation, lorsque les actes qui constituent ces opérations ne remplissent pas les conditions imposées par l'article 11 de la présente loi, (voir cet article et son commentaire).

Il y a lieu d'observer que, contrairement au droit général de la femme, elle n'a pas besoin de l'autorisation de son mari pour exercer en justice les droits que lui donne la présente loi.

Le législateur a fait là un grand pas dans le chemin de l'émancipation de la femme. Cette loi consacre la double idée de protection et d'émancipation du sexe faible, si délaissé jusqu'à ce jour au point de vue social.

Cette heureuse constatation n'échappera pas à celles qui nous liront et nous sommes persuadés qu'elles s'empresseront de se servir des nouvelles armes que la loi de 1909 leur offre si généreusement.

Maintien de l'insaisissabilité

Art. 17. — *L'insaisissabilité subsiste, même après la dissolution du mariage sans enfants, au profit du survivant des époux, s'il est propriétaire du bien.*

Observation. — Dans son rapport M. Guillier s'exprime ainsi : « Le bien, que les parents ont pris soin de consti-« tuer et qui leur a coûté tant d'efforts, ne s'évanouit pas « au décès de l'un des époux ; il se maintient encore au « profit du survivant et des mineurs ».

Art. 18. — *Elle peut également se prolonger par l'effet du maintien de l'indivision prononcée dans les conditions et pour la durée ci-après déterminées.*

S'il existe des mineurs au moment du décès de l'époux propriétaire de tout ou partie du bien, le juge de paix peut, soit à la requête du conjoint survivant, du tuteur ou d'un enfant majeur, soit à la demande du conseil de famille, ordonner la prolongation de l'indivision jusqu'à la majorité du plus jeune, et allouer, s'il y a lieu, une indemnité pour ajournement du partage, aux héritiers qui sont ou qui deviennent majeurs et ne profitent pas de l'habitation.

DIVISION

1° Maintien de l'indivision.
2° Prolongation de l'indivision.
3° Indemnité à allouer aux héritiers majeurs ou qui le deviennent.

1°. Maintien de l'indivision. — Trois conditions sont exigées pour qu'on puisse demander le maintien de l'indivision :

1° Le décès de l'un des époux ;

2° Que cet époux soit propriétaire de tout ou partie du bien ;

3° Qu'il existe des enfants mineurs.

Il peut être demandé par l'époux survivant, par le tuteur, par un enfant majeur ou par le conseil de famille.

2°. Prolongation de l'indivision. — L'indivision ne peut être prolongée que jusqu'à la majorité du plus jeune des mineurs ou jusqu'à son décès, s'il survenait avant sa majorité.

Au moment où il n'existe plus de mineurs, le maintien légal de l'indivision cesse, c'est-à-dire que le bien de famille n'est plus insaisissable.

3°. Indemnité à allouer aux héritiers majeurs ou qui le deviennent. — Lorsque le maintien de l'indivision lèse les intérêts des héritiers majeurs, il leur est alloué une indemnité qui est proportionnelle au préjudice causé.

Attribution du bien au conjoint survivant

ART. 19. — *Le survivant des époux, s'il est copropriétaire du bien et s'il habite la maison, a la faculté de réclamer, à l'exclusion des héritiers, l'attribution intégrale du bien sur estimation.*

Ce droit s'ouvre à son profit, soit au décès de son conjoint, si tous les descendants sont majeurs, ou, même lorsqu'il y a des mineurs, si la demande en maintien d'indivision a été rejetée, soit à la majorité des enfants, lorsque l'indivision a été maintenue.

Observation. — L'époux survivant a la faculté de réclamer l'attribution intégrale du bien de famille sur estimation, mais pour cela il faut qu'il soit copropriétaire du bien et qu'il habite la maison.

Par attribution, il faut entendre que l'époux survivant devient propriétaire de la totalité du bien en payant, aux héritiers, la différence entre la valeur totale du bien, déterminée par l'estimation, et la valeur de sa part personnelle.

Exemple :

Un bien de famille a été constitué entre le mari et la femme dans les proportions suivantes :

Bien du mari 5.000 fr. ; bien de la femme 3.000 fr. Au décès du mari la femme demande l'attribution du bien qui est estimé 10.000 fr. A ce moment la part de chacun des époux est la suivante :

$$\text{Le mari : } \frac{5.000 \times 10.000}{8.000} = 6.250 \text{ francs}$$

$$\text{La femme : } \frac{3.000 \times 10.000}{8.000} = 3.750 \text{ francs.}$$

La femme aura donc à payer aux héritiers la somme de 6.250 francs, moyennant quoi le bien lui appartiendra en totalité.

Conseil supérieur de la petite propriété rurale

Art. 20. — *Il est constitué, auprès du ministre de l'agriculture, un conseil supérieur de la petite propriété rurale auquel doivent être soumis tous les règlements à faire en vertu de la présente loi et, d'une façon générale, toutes les dispositions intéressant la petite propriété rurale.*

L'organisation et le fonctionnement de ce conseil seront fixés par le règlement d'administration publique prévu à l'article 21.

Observation. — Le Conseil prévu par le présent article est composé ainsi qu'il suit :

1°. Membres de droit. — Le directeur général de la caisse des dépôts et consignations ;

Le Directeur général des contributions directes ;

Le Directeur général de l'enregistrement du domaine et du timbre ;

Le Directeur des affaires civiles et du sceau ;

Le Directeur de l'agriculture ;

Le Directeur de l'hydraulique et des améliorations agricoles ;

Les anciens ministres de l'agriculture.

2°. *Membres nommés par décret* :

Membres du Sénat 6
Membres de la Chambre 10
Membres du Conseil d'Etat 2
Membres de l'Académie des sciences morales et politiques 2
Membres de la Société nationale d'agriculture de France, de la Société nationale d'encouragement à l'agriculture et de la Société des agriculteurs de France 4
Membres du Conseil supérieur de l'Agriculture 4
Membres du Conseil supérieur des habitations à bon marché 2
Membres des chambres de notaires 2
Personnes spécialement versées dans les questions d'économie et de législation rurale 9

Ce conseil est placé sous la présidence du ministre de l'agriculture, qui désigne parmi ses membres deux vice-présidents.

ART. 21. — *Un règlement d'administration publique déterminera les mesures d'application de la présente loi.*

La présente loi, délibérée et adoptée par le Sénat et par la Chambre des Députés, sera exécutée comme loi de l'Etat.

Fait à Paris, le 12 Juillet 1909.

Par le Président de la République,
A. FALLIÈRES.

Le Ministre de l'Agriculture,
J. RUAU.

Le Garde des Sceaux,
Ministre de la Justice et des Cultes,
A. BRIAND.

FRAIS

Les frais de constitution d'un bien de famille varient de 60 à 80 francs, suivant la forme de l'acte, la valeur du bien et les incidents de procédure.

Les frais comprennent les honoraires du notaire et du greffier, le salaire du conservateur des hypothèques, l'indemnité allouée à l'expert, s'il y a lieu, les frais de publicité, de correspondance et d'enregistrement (droit fixe 3 fr. 75) et le papier timbré.

RÉSUMÉ

des formalités à remplir pour la constitution d'un bien de famille

La constitution peut résulter soit :

1° D'une déclaration du constituant reçue par un notaire ;

2° D'un contrat de mariage ;

3° D'une donation ;

4° D'un testament.

Quel que soit le mode de constitution, l'intervention d'un notaire est indispensable.

L'acte de constitution doit contenir :

1° Les nom, prénoms, date de naissance, profession, domicile, qualité du constituant. Si l'acte est fait au profit d'un tiers il doit contenir le nom de ce tiers.

2° La désignation de l'immeuble par nom, nature, contenance approximative, avec références au cadastre, l'origine de la propriété et l'estimation de sa valeur.

3° L'état, avec estimation de leur valeur, des cheptels et immeubles par destination.

4° L'indication de la police d'assurance contre l'incendie.

Publicité. — Elle comprend l'affichage de l'acte constitutif, l'insertion d'un avis de constitution dans un journal d'annonces légales.

Homologation par le juge de paix. — Après le délai de 2 mois nécessaire à la publicité, l'acte de constitution est soumis à l'homologation du juge de paix, qui ne donne cette homologation qu'après s'être assuré :

1° De la valeur des immeubles ;

2° Qu'il n'existe ni privilège, ni hypothèque ;

3° Que mainlevée a été donnée de toutes les oppositions ;

4° Que les bâtiments sont assurés contre l'incendie.

Transcription. — L'acte de constitution doit être transcrit au bureau des hypothèques, à peine de nullité, dans le mois qui suit son homologation.

Situation légale du bien de famille. — A dater de la transcription, le bien de famille et ses fruits deviennent insaisissables, même en cas de faillite ou de liquidation judiciaire.

Il constitue la réserve de la famille et ne peut être ni hypothéqué, ni vendu à réméré.

Il peut être aliéné sous certaines conditions prévues au cours de cet ouvrage.

Régime successoral. — Au point de vue successoral, la loi du 12 juillet 1909 fait brèche aux dispositions du code civil et du code de procédure, en permettant de rester dans l'indivision et d'éviter la licitation, c'est-à-dire la vente aux enchères avec admission d'étrangers. Elle évite ainsi les partages prématurés et les licitations ruineuses. Elle protège les enfants, les adolescents qui, se développant dans un milieu sain, deviendront forts et actifs.

Au lieu de rechercher vers les villes industrielles, où ils sont décimés par ces fléaux sociaux que sont l'alcoolisme, la tuberculose et l'avarie, les campagnards resteront dans le domaine familial où ils puiseront à pleines mains la santé et l'amour du sol natal.

Le rôle que jouent les espaces libres et couverts de végétation, pour l'amélioration de la santé publique, n'est plus à démontrer.

Amélioration des habitations & des conditions d'hygiène

Possédant une maison pour sa vie entière, le propriétaire n'hésitera plus à faire les réparations et les aménagements, pour améliorer son installation.

Le goût du bien-être s'implantera de plus en plus chez les populations rurales lorsqu'elles se sentiront chez elles.

Les améliorations qui découleront de ces dispositions heureuses de l'esprit des ruraux, augmenteront la valeur des propriétés et en rendront l'exploitation plus attrayante et plus agréable.

Pour faciliter la constitution d'un bien de famille à tous ceux qui ont l'amour du travail, le parlement a voté deux lois récentes qui forment en quelque sorte le complément de celle 1909 ; d'abord la loi du 19 mars 1910, qui institue le crédit individuel à long terme en vue de faciliter l'acquisition. l'aménagement. la transformation et la reconstitution des petites exploitations rurales.

Les prêts consentis en une de ces opérations peuvent atteindre 8.000 francs. Ils sont consentis, en principe, sans d'autre condition de garanties que celles qui reposent sur la personnalité même de l'emprunteur, sur sa probité, son travail, ses habitudes d'ordre et d'économie.

Ce crédit personnel ne peut avoir de meilleure base que celle qui résulte de la possession de son instrument de travail : le bien de famille.

Puis, la loi du 5 avril 1910 sur les retraites ouvrières et paysannes qui, par son article 13, permet d'affecter une partie de la retraite en cours d'acquisition, à l'achat de terres ou d'habitations destinées à constituer un bien de famille.

Ces lois complètent l'œuvre commencée par la loi sur les *Habitations à Bon Marché*.

Ensemble, elles répondent à une pensée essentiellement démocratique, puisqu'elles ont pour but d'augmenter le bien-être matériel et moral des petits cultivateurs et des ouvriers en général.

Pour parfaire cette œuvre sociale, pour en favoriser la réalisation et pour montrer toute la générosité des principes qui l'ont inspirée, la loi des finances du 8 avril 1910 a supprimé les droits d'enregistrement sur les déclarations de constitution de bien de famille, lorsqu'elles sont contenues dans une donation, dans un testament ou dans un contrat de mariage. La transcription de cet acte ne donnera lieu à la perception d'aucune taxe au profit du Trésor.

CONCLUSION

Paysans et Ouvriers !

Le Gouvernement de la République vous a donné une loi qui est la plus belle manifestation, le plus beau geste de sollicitude que puisse faire un régime à notre égard et cependant vous l'avez accueillie sans aucun enthousiasme. Pourquoi cette indifférence de votre part, pour un semblable chef-d'œuvre d'amélioration de votre condition sociale ?

Parce que vous ne la connaissez pas, tout simplement, car il est inadmissible que connaissant cette loi, vous ne profitiez pas immédiatement des avantages incontestables qu'elle vous offre.

Songez seulement un instant qu'elle vous met à l'abri votre vie durant, de la hideuse et décevante expropriation judiciaire ; que, quels que soient les malheurs qui pourront vous atteindre, quelles que soient les vicissitudes de votre existence, vous n'aurez jamais à redouter les affres d'une saisie imminente ; qu'elle fait de votre demeure un asile inviolable.

Cette loi bienfaisante vous garantit contre la faillite et l'expropriation.

Quels sont les gens sensés qui, connaissant un tel remède, ne s'empresseraient pas de l'utiliser ?

Le tableau ci-après, extrait des statistiques des ventes judiciaires en 1905, vous montrera plus éloquemment que nous ne saurions le faire nous-mêmes, à quelle ruine conduisent ces sortes de ventes :

« En 1905, les frais de vente judiciaire furent, pour « 100 francs de prix d'adjudication : de 22 fr. 08 dans les « ventes de 1001 à 2000 fr. ; de 35 fr. 23 dans les ventes de « 501 à 1000 fr. ; de 79 fr. 39 dans les ventes de 500 fr. et « moins. »

Nous sommes persuadés qu'avec votre bon sens pratique et votre esprit éclairé, vous rendrez justice au Parlement qui vous a fait l'hommage de la loi du bien de famille et que, mis exactement au courant de ses bienfaits, vous les apprécierez comme il convient et vous empresserez de les adopter.

FORMULES

I. — Constitution résultant d'une déclaration devant notaire.

ACTE SPÉCIAL

Par devant Me...., notaire....

A comparu :

M. N. (prénoms, nom, profession, domicile, date de naissance), époux de Mme (prénoms, nom);

Lequel a déclaré constituer en bien de famille insaisissable, à son profit et à celui de sa famille, régi par la loi du 12 Juillet 1909, les immeubles ci-après désignés.

DÉSIGNATION :

1° Une maison située... (lieudit, commune, canton, arrondissement) construite en pierres et briques, couverte en ardoises, comprenant au rez-de-chaussée : cuisine et cave; au premier, chambre et cabinet...., grenier au dessus, cour derrière la maison avec buanderie, jardin à la suite, avec pompe, le tout porté au cadastre, section A nos ...., pour une superficie de (.... hectares, ... ares, ... centiares), ayant comme éléments, au Midi le chemin public de ...., à l'Est N...., au Nord X.... et à l'Ouest Z. .. ;

2° Une parcelle de terre (cour, pré, vigne, bois....), sise même commune, lieudit ...., d'une superficie d'environ ...., portée au plan cadastral sous le n° .... de la section .... tenant .... ;

3° Les cheptels et immeubles par destination, compris en un état détaillé et estimatif, certifié exact par le constituant et demeuré annexé après mention.

ORIGINE DE PROPRIÉTÉ.

La maison, ci-dessus désignée, appartient à M. N., comparant, comme l'ayant recueillie de la succession de M.. . (prénoms, nom, profession), décédé, en sa demeure à ...., le .....

dont il était seul héritier, ainsi que le constate un acte de notoriété à défaut d'inventaire, reçu par Me ...., notaire soussigné, le ....

Quant à M. N. (de cujus, il avait acquis la même maison de M.... (prénoms, nom, profession, domicile), suivant contrat passé devant Me .... notaire, le ...., transcrit au bureau des hypothèques de ...., le ...., vol...., n° ....

DÉCLARATIONS.

M. N. a déclaré au notaire soussigné :

1° Que la maison et les terres, faisant l'objet des présentes, sont d'une valeur vénale, avec tous cheptels et objets immeubles par destination de .... (francs) ;

2° Que la propriété présentement constituée en bien de famille est effectivement habitée et exploitée par lui et son épouse sus-nommée ;

3° Que les bâtiments sont assurés contre l'incendie par la compagnie ...., dont le siège est à ... suivant police n°.... ;

4° Qu'il n'a été constitué précédemment, au profit de la famille dont il est le chef, aucun autre bien de famille ;

5° Que l'immeuble est libre de tout privilège et hypothèque soumise à l'inscription.

MENTIONS.

Tous pouvoirs sont donnés au porteur d'une expédition ou d'un extrait pour remplir toutes formalités et publications nécessaires,

Dont acte :

Fait et passé à ...., le ....

Et après lecture, le constituant a signé avec le notaire.

ENREGISTREMENT.

Droit fixe, 3 fr. 75. Honoraires du notaire, 0 fr. 50 pour 100 jusqu'à 2.000 francs et 0 fr. 25 pour 100 pour l'excédent au-dessus de cette somme.

II. — Constitution par contrat de mariage. Apport.

Devant Me N.... notaire à ....

Ont comparu :

M... (prénoms, nom, profession, domicile), majeur, étant né à ... le .... du mariage de M.... (prénoms, nom) et de Mme (prénoms, nom) tous deux décédés,

D'une part ;

Et Mlle (prénoms, nom, profession, domicile), chez ses père et mère, majeure, étant née à .... le .... du mariage de M... (prénoms, nom) et de Mme (prénoms, nom),

D'autre part ;

Lesquels, en vue du mariage projeté entre eux et dont la célébration aura lieu prochainement à la mairie de ...., en ont arrêté les conditions civiles de la manière suivante :

ARTICLE PREMIER.

....

ART. 2.

....

ART. 3.

....

BIEN DE FAMILLE.

M. N. possède, apporte en mariage et déclare constituer en bien de famille, à son profit et à celui de sa famille.

Une petite métairie, située à .... nommée .... consistant en : maison de 2 pièces au rez de-chaussée, couverte en tuiles, étable et écurie aussi couvertes en tuiles, cave, toit à porcs, cour, jardin potager, pré et labour, le tout d'un tenant, figurant au cadastre section B., n° ...., contenant ..... joignant .....

Cette métairie a été léguée à N.... par N...., son oncle, cultivateur, décédé, en sa demeure. à ...., le ...., aux termes d'un testament olographe, en date du ...., déposé au rang des minutes de M^e ...., soussigné, le .....

M. N. comparant déclare :

1° Que la métairie, désignée ci-dessus, vaut avec les cheptels et immeubles par destination .....

2° Que les bâtiments sont assurés à .....

III. — Contrat de mariage. Constitution de dot.

Par devant M^e ...., notaire, à .....

Ont comparu :

M..... .... D'une part ;

M^r. .... D'autre part ;

Et M.... (prénoms, nom, profession, domicile) agissant à cause de la donation qu'il va faire à Mlle N.. sa fille,

Aussi d'autre part ;

Lesquels ont arrêté, ainsi qu'il suit, les conventions du mariage projeté entre M.... et Mlle ....

ARTICLE PREMIER.

....

ART. 4.

DONATION A TITRE DE BIEN DE FAMILLE.

En considération du mariage projeté, M.... fait donation entre vifs à Mlle .. .., sa fille, et ce à titre de constitution de bien de famille insaisissable, d'une petite ferme située à .....

Laquelle ferme appartient au donateur au moyen de l'acquisition par lui faite de M^{r} .....

La donataire et son mari entreront immédiatement en jouissance de la ferme donnée à compter de la célébration du mariage.

La présente donation est soumise à la condition suspensive de l'homologation du bien de famille ; elle deviendrait nulle si cette homologation n'avait pas lieu dans un an de ce jour.

Cette donation est faite avec dispense de rapport en nature et à la charge par le donataire de rapporter 6.000 francs à la succe sion du donateur, en moins prenant et à forfait.

M. N., déclare que la ferme donnée est libre de toute hypothèque, comme de tout privilège, qu'elle vaut avec les immeubles par destination 6.000 francs, que les bâtiments sont assurés à .....

Pour l'enregistrement, la ferme dont il s'agit est évaluée à 240 francs de revenu brut annuel.

Art. 5.

....

IV. — Donation.

Devant M^{e} ...., notaire à ..... En présence réelle de MM. .... témoins instrumentaires,

A comparu :

M.... (prénoms, nom, profession, domicile, lieu de naissance) lequel fait donation entre vifs et irrévocable par préciput et hors part, à titre de constitution de bien de famille insaisissable ;

A M.... (prénoms, nom, profession, domicile, date de naissance) son neveu, célibataire, époux de Mme . ...

M. N. à ce présent et acceptant, expressément et à titre de bien de famille.

Le rez-de-chaussée d'une maison située à ...., l'immeuble donné a été recueilli par M.... dans la succession de ..... Le donataire aura, à compter de ce jour, la pleine propriété de l'immeuble présentement donné.

Cette donation est purement gratuite.

M. N. déclare qu'il est veuf de Mme .... décédée à .... le .... et que le bien est donné libre de toute charge ;

Que le rez-de-chaussée vaut 4.500 francs en capital, que cet immeuble est assuré contre l'incendie à .....

De son côté M.. . atteste qu'il n'a été précédemment constitué aucun bien de famille au profit de la famille dont il est le chef.

Le revenu annuel de l'immeuble, faisant l'objet du présent acte, est évalué à 250 francs pour l'assiette des droits fiscaux.

M.... acquittera tous les frais de donation, droits et honoraires auxquels les présentes pourront donner ouverture, y compris ceux de publicité, homologation et transcription.

Dont acte :

Fait et passé à ...., en l'étude de Me .....

L'an mil neuf cent .....

Le premier Décembre ....

Lecture faite, les parties ont signé avec les témoins et le notaire.

Lecture des présentes par Me .... et leur signature par les parties ont eu lieu en présence réelle des témoins.

V. — Constitution résultant d'un testament olographe.

Je soussigné (prénoms, nom, profession, domicile) déclare léguer à M.... (prénoms, nom, profession, domicile), à titre de constitution de bien de famille insaisissable:

1° Une maison, située à ...., avec cour devant, jardin et enclos derrière, contenant environ .... ares, joignant le chemin de .....

2° Une pièce de terre, en labour, sise même commune de .... appelée le .... contenant environ .... aboutissant sur le chemin de .....

Le tout ayant une valeur de .... francs.

M...., mon exécuteur testamentaire, est chargé d'assurer l'accomplissement des formalités légales pour régulariser cette constitution de bien de famille.

A défaut par mon légataire universel de remplir les formalités légales, tous pouvoirs à cet effet sont donnés au notaire chez qui sera déposé mon testament.

Les frais et droits de mutation afférents à ce legs, ainsi que les frais de constitution dudit bien, seront à la charge de ma succession.

Dans le cas où M.... n'accepterait pas le présent legs, les biens en faisant l'objet iraient au bureau de bienfaisance de.... à qui je déclare les léguer, sans aucune charge ni conditions.

Fait à ...., le .... mil neuf cent .....

Ecrit en entier, daté et signé de ma main.

VI. — Acte complémentaire du testament

Par devant Me .... notaire à .....

Ont comparu :

1° Madame (prénoms, nom, profession, domicile), veuve de ...

2° M.....

3° Et M.....

Lesquels ont dit et fait ce qui suit :

I. — Par testament en forme olographe du .... M.... demeurant à ...., a légué à M. (prénoms, nom, profession, domicile) et à titre de constitution de bien de famille insaisissable.

1° Une maison, située à ...., avec cour devant, jardin et enclos derrière, le tout contenant environ .....

2° Une pièce de terre, en labour, sise même commune, appelée le ...., contenant environ .....

Le tout d'une valeur de .... francs.

Et il a nommé pour exécuteur testamentaire M.... comparant.

Ce testament présenté à M. le Président du Tribunal civil de ...., le ...., a été déposé, en exécution de l'ordonnance de ce magistrat, au rang des minutes de Me ...., notaire, à ...., le ....

II. — M...., testateur, est décédé, en sa demeure, à ...., le ...., veuf, non remarié, de Mad.... sans postérité ni ascendants et laissant pour seule héritière, sa sœur, Mad.... comparante, ainsi que le constate, à défaut d'inventaire, un acte de notoriété reçu par Me ...., notaire, à ...., le .....

III. — Pour compléter les mentions du testament de M..., relativement au bien de famille, les comparant donnent les explications ci-après :

DÉSIGNATION :

1° Une maison.

2° Une pièce de terre.

ÉTABLISSEMENT DE PROPRIÉTÉ.

Madame veuve .... et M.... déclarent :

1° Que les immeubles légués à M...., par son oncle N...., ont une valeur vénale de .... francs ;

2° Que les bâtiments sont assurés contre l'incendie à .... ;

3° Qu'il n'a été constitué précédemment au profit de la famille, dont M.... est le chef, aucun autre bien de famille.

Toutes mentions des présentes sont consenties....

VII. — Opposition.

L'an 191..., le ....

Devant Me ..... notaire à ....

A comparu :

M....

Lequel a déclaré former opposition à la constitution, à titre de bien de famille insaisissable, d'une maison et dépendance, commune de ...., faite par M. (prénoms, nom, profession, domicile) suivant acte, dressé par Me ...., soussigné, le ....

Cette opposition est basée sur la qualité de créancier chirographaire appartenant à M...., comparant, sur M.... pour une somme principale de .... francs.

De laquelle opposition le comparant a requis acte; ce qui lui a été octroyé.

Fait et passé à ....

En l'étude de Me ....

Lecture faite, le comparant a signé avec le notaire.

VIII. — Mainlevée d'opposition.

Par devant Mᵉ ...., notaire à ....

A comparu :

M....

Lequel a déclaré donner mainlevée pure et simple de l'opposition formée à sa requête, aux termes d'un acte reçu par Mᵉ.... notaire, soussigné le ...., à la constitution, à titre de bien de famille insaisissable, d'une maison et dépendance commune de ... , faite par M...., demeurant à ..... ainsi qu'il résulte d'un acte de Mᵉ ..., du ....

Voulant, le comparant, que cette opposition soit considérée comme nulle et non avenue, et que la constitution du bien de famille reçoive son plein effet.

Mentions des présentes sont consenties.

Dont acte ....

IX. — Insertion et placards.

Suivant acte recu par Mᵉ ...., notaire, à ...., le ....

M. (prénoms, nom, profession, domicile) célibataire, époux de ...., a constitué en bien de famille insaisissable une maison, située à ....

Les oppositions seront reçues en l'etude de Mᵉ .. .., notaire à ....

Première ou seconde insertion,
Signature du notaire.

X. — Certificat d'affichage.

Nous, maire de la commune de ...., certifions avoir affiché le ...., à la porte de la mairie, l'extrait d'un acte reçu par Mᵉ ... , notaire, à ...., le ...., contenant constitution de bien de famille par M.. .., et que cette affiche est restée placardée pendant deux mois.

En foi de quoi nous avons délivré le présent, à ... , le ....

XI- — Homologation du Juge de paix.

L'an 1910, le ....

Nous, (prénoms, nom), Juge de paix du canton de .... (département).

Attendu la réquisition de Mᵉ ...., notaire, détenteur de la minute de l'acte ci-après énoncé.

Vu :

1° L'expédition de l'acte reçu par ledit notaire, à ...., le ...., aux termes duquel M...., cultivateur, demeurant à .. .., époux de Madame (prénoms, nom), a déclaré constituer en bien de famille insaisissable, à son profit et à celui de sa famille, une maison, située à ... , lieudit ...., avec cour et jardin, contenant .... d'après le cadastre, section .... n° .... et d'une valeur vénale de .... francs.

2° Un certificat délivré par M. le maire de .... constatant qu'un extrait sommaire de l'acte présenté a été affiché le ... , à la mairie de ...., pendant deux mois.

3° Un certificat délivré par notre greffier constatant que le même acte a été affiché le ...., à la justice de paix, pendant une durée de deux mois.

4° Deux exemplaires du journal (nom), publié à ...., datés des .. , contenant un extrait sommaire du même acte de constitution.

5° Un acte d'opposition fait par M ...., devant Me ...., notaire, à ...., le .... et la mainlevée donnée par l'opposant devant le même notaire, le .. .

6° Un certificat de M. le maire de ...., évaluant à . .. francs, le bien de famille constitué par ....

7° Un certificat de M. le conservateur des hypothèques de ...., le ...., constatant qu'il n'existe sur le bien de famille constitué par M.... aucune inscription de privilège ni d'hypothèque conventionnelle ou judiciaire.

8° Et une police d'assurance contre l'incendie des bâtiments compris dans la constitution du bien de famille, contractée sous le n° ...., avec la compagnie la ... , dont le siège est à ....

Déclarons homologuer l'acte de constitution de bien de famille, passé devant Me ...., notaire, à ...., le ...., fait par M. (prénoms, nom, profession, domicile, date de naissance), à son profit et à celui de sa famille.

En foi de quoi nous avons délivré et signé le présent, à notre cabinet, à ....

XII. — Mention d'homologation.

Nous, Juge de paix du canton de ...., avons homologué l'acte ci-dessus cejourd'hui.

Le ....

(Signature et cachet)

XIII. — Renonciation à la constitution.

Par devant M° ...., notaire, à ...., soussigné.

A comparu :

M. (prénoms, nom, profession, domicile, qualité de célibataire, marié, veuf).

Lequel a déclaré renoncer expressément à la constitution en bien de famille insaisissable qu'il a faite à son profit et à celui de sa famille, suivant acte reçu par Me ..., notaire, soussigné le ...., transcrit au bureau des hypothèques de ...., le ...., vol.... , n° ...., d'une maison, située à ..., lieudit ...., construite en pierres et briques.

Entendant, le comparant, que les immeubles faisant l'objet de la constitution précitée, soient désormais entièrement libres dans les termes du droit commun.

Observation faite que Mad. . . ., épouse du comparant, a donné son consentement à la présente renonciation devant M. le Juge de Paix de . . ., qui en a dressé acte, le . . . . courant.

Mentions des présentes sont consenties pour être faites où besoin sera, notamment au bureau des hypothèques de . . . ., en marge de la transcription précitée.

Dont acte . . . ., etc. . .

XIV. — Consentement de la femme

L'an mil neuf cent. . . ., le

Devant nous (prénoms, nom), juge de paix du canton de . . . ., assisté de Me . . . , notre greffier

A comparu.

Mad. . . . (prénoms, nom, profession, domicile), épouse de M. . .

Laquelle a déclaré consentir formellement à ce que M. . . . . son mari, renonce à la constitution en bien de famille insaisissable qu'il a faite suivant acte reçu par Me . . . ., notaire à . . . ., le . . . ., transcrit au bureau des hypothèques de . . . ., le . . . ., vol. . . ., no. . . ., d'une maison située à

La comparante consent donc à ce que son mari rende les immeubles dont il s'agit, biens entièrement libres, comme s'ils n'avaient jamais été constitués en bien de famille.

En conséquence,

Nous, juge de paix, avons donné acte à la comparante, de sa déclaration et dressé le présent acte en notre cabinet, signé par la comparante, nous et notre greffier après lecture.

PETITE MAISON D'HABITATION POUR UNE FAMILLE

ECHELLE DE 0,005.

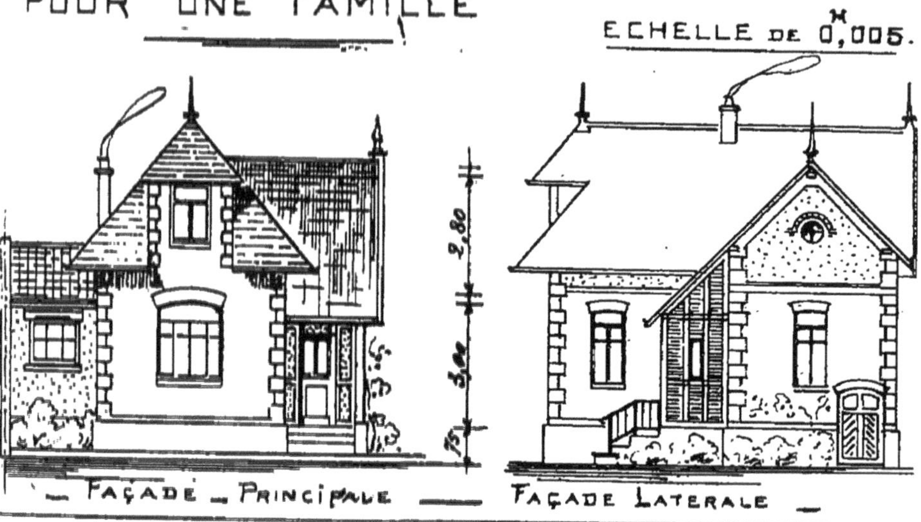

— FAÇADE — PRINCIPALE — FAÇADE LATERALE —

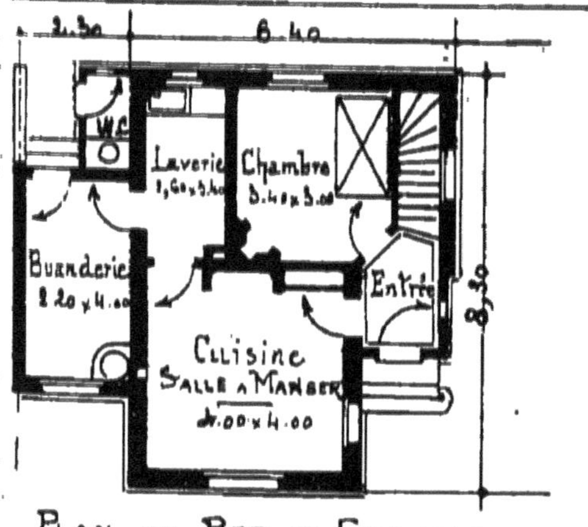

PLAN DU REZ-DE-CHAUSSEE. —

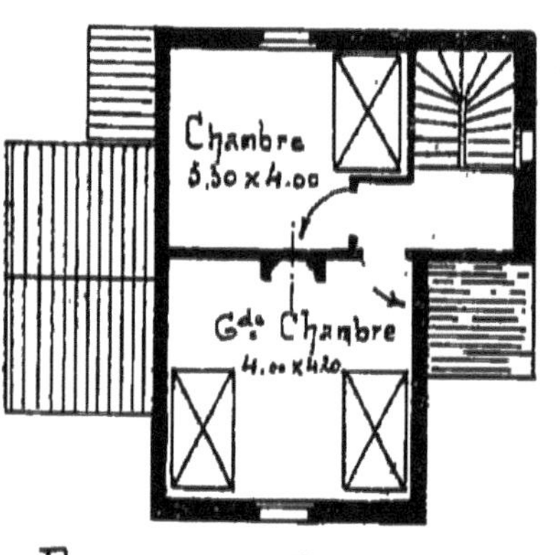

PLAN DU 1er ETAGE.

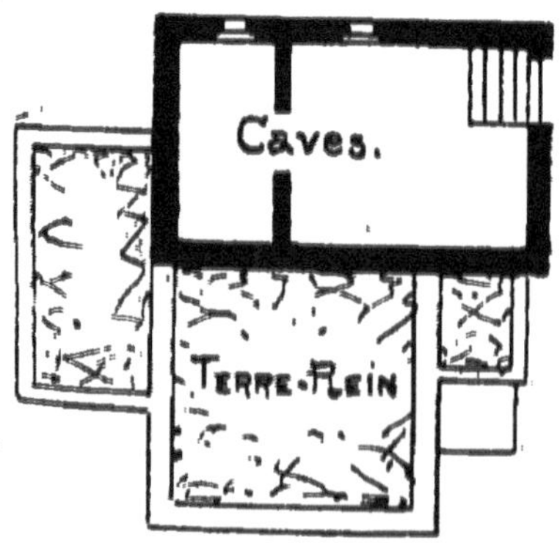

PLAN DU SOUS-SOL

Voir pages suivantes, pour la description desdits plans

PLANS COTÉS ET DESCRIPTION

DE

M. J. VENET, à Noyon (Oise)

Architecte diplômé E. S. A.

Inspecteur des Monuments Historiques.

Officier d'Académie.

Cette modeste maisonnette étudiée en vue d'abriter un ménage de travailleurs, d'employé, ou même de petit rentier, répond aux besoins ordinaires de la vie de famille. Elle a la simplicité, la commodité, sans oublier les moyens de propreté et d'hygiène qu'il convient ici de placer en première ligne.

Ces principes sévères n'ont pas exclu l'aspect vivant des façades extérieures. Celles-ci, sans prétention, ne manquent pas de la coquetterie nécessaire à ajouter au confortable de l'intérieur, pour faire aimer l'habitation par les occupants. Ils s'y plairont sous tous les rapports et peineront courageusement avec entrain, pendant le temps qu'il faudra, avides, et heureux de pouvoir devenir un jour propriétaires du bien de famille, si longtemps convoité Selon le prix la contenance et la forme du terrain sur lequel sera construite la maison, elle sera placée en façade sur rue avec jardin derrière, ou bien au fond du terrain avec jardin devant et cour derrière. Elle pourra toujours être accompagnée de terres de culture joignant ou à proximité du terrain de la construction.

La construction comprend :

Un sous-sol, ou caves, un rez-de chaussée et un premier étage.

Le rez-de-chaussée exhaussé de 0 m. 75, sur terrain naturel, est composé de :

1° L'entrée desservant toutes les pièces y compris celles du 1er étage, sans qu'aucune d'elles soit commandée par une autre. Cette entrée est carrelée en carreaux céramiques ; on y accède par un perron de quatre marches, y compris le palier en briques et ciment.

2° *Cuisine salle à manger*. — C'est la salle de famille largement éclairée et aérée par une grande baie en façade principale et une fenêtre ordinaire en façade latérale. Elle est pourvue d'une grande cheminée, pouvant contenir un fourneau de cuisine. A droite grand placard Cette pièce très accueuillante est destinée à avoir de la fatigue ; elle sera carrelée en carreaux céramiques comme l'entrée

3° *Laverie*. — C'est une annexe de la pièce précédente. Elle contient un évier bien éclairé, avec évacuation des eaux ménagères ; et un conduit de fumée pour installer au besoin un petit fourneau de cuisine pour l'été. Une porte de sortie donne accès à la cour par la buanderie. Cette pièce permet de faire les travaux de nettoyage et de débarrasser la salle précédente de tous les objets de ménage ayant servi, de façon à la tenir constamment propre et en état de recevoir les visites à tous moments. Cette laverie sera carrelée en carreaux rouges ordinaires.

4° *Chambre à coucher*. Largement éclairée par une fenêtre donnant sur le jardin, cette chambre à son entrée entièrement indépendante. Les odeurs de cuisine ne peuvent y parvenir. Une cheminée d'angle agréablement disposée sera en marbre de modèle courant. Cette pièce intime est, par son emplacement central, toute indiquée pour les chefs de famille. Son parquet, en sapin sur voûtes des caves, sera dans de très bonnes conditions d'hygiène.

5° *La Buanderie.* — Construite en annexe. est placée avantageusement, ayant communication avec la maison sans sortir et de plus une sortie spéciale sur la cour ou le jardin

Dans cette pièce bien éclairée, sont disposés une chaudière de construction avec son conduit de fumée et une pompe ou un robinet d'alimentation d'eau de la ville suivant le cas. Le dallage sera en ciment avec pentes de canalisation des eaux.

6° *Le Water-Closet.* — Placé dans un endroit discret bien éclairé, bien ventilé, est accessible de tous côtés. Il lui sera adjoint un fosse d'aisances étanche ou une fosse septique, selon les facilités de l'endroit.

Au premier étage

Deux chambres bien séparées peuvent, au besoin, contenir chacune deux lits pour loger la famille. Ces deux chambres, bien aérées et dans lesquelles on sera bien chacun chez soi, seront parquetés en sapin. L'une d'elles aura une cheminée en marbre de modèle courant.

Le sous-sol. — Il comprend deux caves sous parties de la maison. Elles seront éclairées chacune par un soupirail. On y accèdera par un escalier très commode sans se baisser, par une porte donnant à l'extérieur, bien large pour la descente des fûts et placée sous la montée de l'escalier allant au 1er étage.

L'une de ces caves pourrait, en certains cas suivant le niveau du terrain naturel par rapport au niveau de la rue, être aménagée en buanderie, ce qui permettrait d'utiliser la pièce annexe qu'elle remplacerait ainsi, comme remise à combustible, bois ou charbon.

La dépense pour la solide édification d'une semblable construction en matériaux du pays, comprend : 1° La maçonnerie en briques rouges et blanches, et parties en ciment; les murs et plafonds, enduits en plâtre, les marches en briques et ciment, les carrelages, les cheminées. 2° La charpente en sapin pour planchers et combles. 3° La couverture en ardoises et tuiles mécaniques et les raccords ; les gouttières et tuyaux en zinc. 4° La menuiserie en chêne et sapin, pour portes et fenêtres la quincaillerie nécessaire. 5° Les fers à plancher et à bâtiments. 6° La peinture des murs et boiseries, les papiers de tenture et la vitrerie.

Cette dépense peut être résumée ainsi :

Achat du terrain	1.000 fr.
Construction de l'habitation	6.400 —
Construction des Water-Closet et annexe	600 —
Total.	8 000 fr.

La disposition de cette habitation se prête parfaitement au groupement de deux maisons semblables et symétriques, dont le mur séparatif serait celui de la buanderie. Cela formerait ainsi deux maisons jumelles, dont l'aspect serait d'un ensemble agréable et la construction rendue ainsi plus économique.

Table Alphabétique

A

B

C

C

D

E

F

H

I

L

M

N

O

P

Q

R

S

T

V

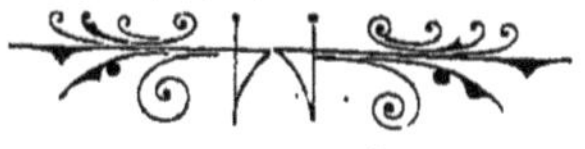

Table Analytique

Clotaire LEMAIRE,
Imprimeur-Editeur
NOYON (Oise)

Noyon. - Imp. C. Lemaire

www.ingramcontent.com/pod-product-compliance
Ingram Content Group UK Ltd.
Pitfield, Milton Keynes, MK11 3LW, UK
UKHW021506260726
13993UKWH00004B/1584

9 782019 934798